MÉMOIRE

CONTRE LE PROJET

DE RÉUNIR UNE PORTION DU TERRITOIRE

DE COUËRON

ARRONDISSEMENT DE SAVENAY,

A LA

COMMUNE DE SAUTRON

ARRONDISSEMENT DE NANTES,

adressé à MM. les membres

DES CONSEILS D'ARRONDISSEMENTS DE NANTES ET DE SAVENAY,
ET DU CONSEIL GÉNÉRAL
DU DÉPARTEMENT DE LA LOIRE-INFÉRIEURE.

NANTES.

IMPRIMERIE DU COMMERCE,
V. MANGIN ET W. BUSSEUIL.

Juillet 1843.

Messieurs,

Une question fort importante qui concerne la commune de Sautron, arrondissement de Nantes, doit être soumise à votre délibération pendant le cours de cette session. Il s'agit de savoir si vous admettrez, à la demande de cinq propriétaires seulement, l'accroissement de cette commune, en y incorporant une étendue de 1100 hectares avec une population de 950 habitants que vous retrancheriez de la commune de Couëron, arrondissement de Savenay.

Le projet d'agglomération des deux populations n'est pas nouveau. Depuis 1820, il a été en quelque sorte une idée fixe dans l'esprit de quelques riverains en Couëron.

En 1820 et 1824, il resta sans succès, comme devaient s'y attendre les deux réclamants.

Trois ou quatre propriétaires recueillirent en 1835, à grand renfort de sollicitations, dix signatures, signatures insignifiantes de femmes, de filles, de mineurs, de cabaretiers et de laboureurs, au bas d'une pétition adressée à M. le Maire de Sautron. Cette troisième tentative eut le même résultat que les deux précédentes.

Enfin, une quatrième a été recommencée en 1842. Sur la pétition, même modèle que la pétition de 1835, cinq propriétaires, cette fois, ont recueilli 18 signatures, tout aussi insignifiantes qu'en 1835, parmi une population projetée de 1900 habitants dont ils se portent garants, bien qu'ils ne puissent produire aucun mandat spécial à cet égard.

L'administration préfectorale, pour mettre fin à cette réclamation importune, a cru devoir ordonner une enquête par devant MM. les juges-de-paix des deux cantons.

A Sautron, un propriétaire, un seul sur 950 habitants, s'est présenté à l'enquête, le propriétaire d'une jolie maisonnette avec ménageries, située entre cour et jardin, déposant en faveur du projet, tandis que ce projet a été repoussé par dix propriétaires les plus imposés, et qu'il a même été blâmé par le juge-de-paix. Ce magistrat a constaté au procès-verbal que la demande d'accroissement de la commune de Sautron *avait pour but la construction d'une église nouvelle*, église belle, vaste, dans la nef de laquelle *on prétend* que seraient placés 1000 ou 1500 bancs, loués deux francs chaque, par an, ce qui constituerait *une rente perpétuelle de 2 à 3000 francs* au profit de la fabrique.

L'enquête à Couëron a été tout aussi décisive qu'à Sautron. Le projet a été repoussé par quatre cents propriétaires les plus imposés, tandis que, sur les 23 signataires du projet, trois seulement se sont présentés devant M. le juge-de-paix de Saint-Étienne-de-Mont-Luc.

Les formalités remplies, l'administration préfectorale a convoqué le conseil municipal de Sautron et les 12 plus imposés pour donner leur avis; M. le Maire, sous le prétexte que les femmes veuves et majeures ne pourraient se faire représenter dans un intérêt purement civil (*), a dressé, malgré diverses réclamations, une liste des prétendus plus imposés, choisis dans une progression décroissante de l'impôt.

Dans cette réunion, où assistaient seulement six conseillers et sept des prétendus plus imposés, M. le Maire, malgré les observations qui lui ont été adressées, a laissé élire pour secrétaire, non un conseiller, aux termes de l'art. 24 de la

---

(*) Contre le texte de la loi du 21 avril 1823, non abrogée.

loi municipale, mais un des prétendus plus imposés, un des auteurs et signataires du projet. Et l'assemblée, moins deux membres, a été d'avis, sans écouter, de refuser l'insertion de notre opinion au procès-verbal de la séance, *parce que notre opinion bien connue était contraire au projet*, prétendant que, dans son omnipotence, l'assemblée ne devait admettre que l'avis du plus grand nombre, et s'arrogeant en outre un pouvoir discrétionnaire, elle ne mentionne au procès-verbal, ni le refus d'insérer notre opinion, ni les débats à cet égard, ni la protestation prononcée à haute voix devant l'assemblée; et par une réticence dont chacun devine le motif, le procès-verbal énonce simplement :

M. Phelippe Beaulieux s'est retiré pendant le cours de la séance.

Que vous semble, Messieurs, de cette légèreté, de cet oubli de formes dans un acte de cette gravité?....

Illégalement privé du droit d'insérer un avis motivé dans une délibération où tous les avis doivent être consignés, puisqu'il s'agit d'éclairer l'administration supérieure sur les avantages et les inconvénients qui peuvent résulter de la nouvelle circonscription des deux localités, j'ai protesté par lettre du 12 septembre, adressée à M. le Préfet, sous la réserve de transmettre ultérieurement copie de mon opinion devant les conseils d'arrondissements et de département.

J'ai protesté..... C'est un devoir pour moi, écarté sans droit de la discussion et pour les intérêts en péril de la commune.... Nous posons les questions suivantes :

Une liste, où les plus imposés sont remplacés par les moins imposés qui suivent dans une progression décroissante du chiffre de l'impôt, est-elle une liste légale?

L'élection qui confert à un propriétaire et non à un conseiller municipal, les fonctions de secrétaire, est-elle légale ?

Et les conseillers avec les propriétaires convoqués pour l'assemblée, ont-ils le droit de refuser l'insertion d'une opinion au procès-verbal dans une question de la nature de celle-ci?.... Si la réponse est affirmative comment concilier cette interprétation avec l'esprit et le sens de la loi de 1837, déclarant qu'il est urgent de consigner les diverses opinions, sans lesquelles il est impossible d'obtenir un avis éclairé, motivé, émané des conseils d'arrondissements, de département, de l'administration préfectorale, et du ministère, avis qui puisse décider un changement de circonscription, non-seulement pour les départements et les arrondissements mais aussi pour les communes, et dont la légalité ne peut être constituée que par vote des deux chambres et la sanction du Roi!....

Cette délibération, conçue en termes vagues avec trois nullités dans la forme, peut-elle être considérée comme un acte sérieux, un acte légal?....

Sans l'*inexpérience* qui a dirigé la séance du 11 septembre, *inexpérience* dont les particularités doivent être consignées au procès-verbal, si dans cet acte le secrétaire n'a pas omis l'insertion des formalités réclamées par la loi, sans cette *inexpérience* (*), évidente à tous les yeux, ne serait-on pas porté à croire que l'assemblée convoquée pour résoudre une grave question, n'aurait été animée que d'un esprit de coterie ayant pour but non la manifestation de la vérité, mais l'*escamotage* d'une opinion contraire, appuyée sur des faits nombreux, développée avec modération, et qu'elle avait tenté à plusieurs reprises d'anéantir, tantôt par des raisonnements frivoles, tantôt par de fades quolibets qui ont trouvé de l'écho (la vérité veut qu'on le dise) même jusqu'au sein du conseil municipal?...

(*) Cette *inexpérience*, si nous devons ajouter foi à certains bruits, se dispose à nous surprendre par de nouvelles irrégularités de fond et de forme. L'avenir nous apprendra ce qu'il en faut croire. Du reste, le cas échéant, elles ne passeront pas plus inaperçues que les premières. Nous ne ferons pas faute de les rendre publiques.

Nous vous prions, Messieurs, de porter toute votre attention sur cette question fort grave pour Sautron. De votre décision dépend le sort de cette commune. Après une étude approfondie des pièces suivantes, nous espérons que votre expérience saura apprécier à leur valeur les motifs des cinq principaux pétitionnaires, et qu'elle déclarera qu'il n'y a lieu à délibérer ni pour le fond, ni pour la forme sur *un projet conçu uniquement dans un intérêt privé* et présenté, pour la quatrième fois, depuis l'année 1820.

Nous avons l'honneur d'être avec une haute considération,

Messieurs,

Votre très-humble et très-obéissant serviteur,

PHELIPPE BEAULIEUX,

Un des douze plus imposés, et ex-maire à Sautron,
en 1830, 1831, 1832 et 1833.

Nantes, Juin 1843.

DÉTAIL DES PIÈCES INDIQUÉES CI-CONTRE.

1° Pétition du 16 décembre 1841.

2° Délibération du conseil municipal de Sautron, du 17 avril 1842.

3° Enquête devant M. le juge-de-paix de la Chapelle-sur-Erdre, les 12, 13 et 14 juillet 1842.

4° Délibération du conseil municipal de Sautron, du 11 septembre 1842.

5° Enquête devant M. le juge-de-paix de Saint-Etienne-de-Mont-Luc, les 8, 9 et 10 décembre 1842.

6° Délibération du conseil municipal de Couëron, en date du 9 février 1843.

Et enfin, 7° Opinion de M. Phelippe Beaulieux, non insérée au procès-verbal des délibérations du conseil municipal de Sautron, le 11 septembre 1842.

OPINION
DE M. PHELIPPE BEAULIEUX

NON INSÉRÉE AU PROCÈS-VERBAL

DE LA DÉLIBÉRATION DU 11 SEPTEMBRE 1842.

Monsieur Phelippe Beaulieux déclare persister dans les motifs qu'il a consignés sur le registre des délibérations à la séance du 28 mai 1835, et dans la déposition au procès-verbal d'enquête devant M. le juge-de-paix du canton de la Chapelle-sur-Erdre, le 14 juillet 1842, contre le projet d'agglomération du haut Couëron, arrondissement de Savenay, à la commune de Sautron, arrondissement de Nantes.

Il prétend en outre qu'élever Sautron, commune de 950 habitants, au rang de commune de 1900 habitants, ce serait, sans retirer aucun avantage ni pour le présent, ni pour l'avenir, accroître les dépenses ordinaires et extraordinaires de cette commune et la gréver de charges onéreuses pendant une série d'années dont il n'est pas possible de calculer la durée, et sous le poids desquelles Sautron finirait par succomber.

En effet, sans ranger en ligne de compte, les dépenses plus fortes, plus fréquentes pour l'achat des matériaux, les travaux plus longs, plus nombreux pour l'ouverture, l'élargissement et le redressement des nouveaux chemins vicinaux de grande et petite communication, et sans ajouter encore les dépenses d'entretien annuel pour les chemins communaux et les bâtiments, dépenses légales et de nécessité ;

Il nous faudrait payer ou plus tôt, ou plus tard, le terrain, le coût de la belle et vaste église, commencée par MM. le desservant et le vicaire, *sans autorisation légale*, (*) au fond et près du champ de foire, bien que la commune possède déjà deux fort bons édifices consacrés au culte catholique;

Il nous faudrait de plus payer le terrain, et la construction de la maison communale qu'on projette; il nous faudrait aussi payer le terrain, la construction et le matériel de l'École Primaire, du logement et du mobilier de l'instituteur (**).

Établissons provisoirement une dépense de 36,000 francs, sur la rectification de laquelle nous reviendrons ci-après.

Nous dirons, le territoire de Sautron est à peu près égal en superficie à la portion qu'on lui veut agglomérer, et le nombre des habitans des deux localités est aussi à peu près égal, ce serait pour chaque, sauf vérification, une charge de 18,000 fr. Le haut Couëron jouit d'une certaine aisance, et supportera facilement cette dépense; mais pour Sautron une charge de 18,000 fr. équivaut à 6 fois le montant de la contribution foncière en principal : *nous payons* 3,000 *fr. pour l'exercice* 1842. La commune n'a de reste *aucune somme* en la caisse municipale, elle ne possède *aucune ressource*. De nécessité, il faudrait donc un emprunt, soit avec caution, soit avec hypothèque. Qui voudra être caution, qui donnera hypothèque sur ses propriétés ? L'intérêt légal s'élève à 5 pour 0/0, ce serait donc 900 francs tous les ans. Sans parler du capital, ou 18,000 fr. que nous ne pourrions jamais rembourser, comment pourrions-nous seulement acquitter les intérêts ?

(*) Ce bâtiment est déjà élevé à moitié hauteur. Juin 1843. Qui paiera cette dépense?

(**) Nous ne sommes opposés à ces deux dernières constructions que sous le rapport non de l'utilité, mais des dépenses exorbitantes.

car, en prélevant dix centimes par franc, taux exorbitant, le plus élevé qu'on puisse admettre, nous n'obtiendrions qu'une somme de 300 fr. Ce serait donc un déficit de 600 fr. chaque année, à ajouter au capital de 18,000 fr.

Si, à toutes ces charges et à toutes ces dépenses ordinaires et extraordinaires que nous venons d'énumérer et qui *sont avouées par le* SEUL PARTISAN *du projet dans l'enquête devant M. le juge-de-paix du canton de la Chapelle-sur-Erdre,* nous ajoutions encore les évènements qui peuvent survenir d'un jour à l'autre, soit une guerre continentale, soit une guerre maritime, soit un appel forcé de fonds que le gouvernement, déja obéré depuis douze ans, peut adresser aux contribuables sur tous les points de la France, quels moyens seraient à notre disposition pour l'acquittement de tant de charges ordinaires et extraordinaires dont nous serions grevés pour nous élever au rang de *grande commune*, et bâtir une *nouvelle église* dont la location des bancs produirait, dit-on, un profit de la fabrique, *une rente perpétuelle de 2 à 3,000 fr.* ?

Réunis en grande commune, comment pourrions-nous éviter les collisions, les rivalités et les rixes, très-fréquentes, pour l'ordinaire, entre agglomérés qui n'ont ni les mêmes mœurs, ni les mêmes coutumes locales, ni les mêmes intérêts, ni surtout les mêmes ressources; collisions, rivalités et rixes qui, malheureusement, se renouvellent chaque année, même à la procession de Bongarand, jusque sous les yeux de la gendarmerie. Le cadastre, dans les deux communes, offre une assez grande différence relativement à l'estimation du sol et à l'assiette de l'impôt foncier. En Couëron l'hectare, terme moyen, est imposé à 6 francs et à 4 francs en Sautron, différence d'un tiers qu'il serait difficile de conserver et peut-être impossible, car l'impôt tend toujours à s'élever. De cette diversité de taxes, l'union communale serait facilement rompue, parce que les divers intérêts de Sautron seraient fréquemment froissés, surtout à l'époque des élections, où la majorité des électeurs étant du territoire de Couëron, ceux-ci auraient l'initiative et la prépondérance dans les élections et dans l'administration municipale, et l'administration deviendrait orageuse, impossible....

La plupart de ces motifs ont déjà été approuvés par l'administration supérieure, lorsque les propriétaires riverains en Couëron, sans mandat spécial, comme aujourd'hui, ont proposé, à trois fois différentes, la réunion des deux localités. L'administration, après avoir pesé les raisons réciproques avec l'équité la plus grande, est demeurée convaincue, que du dérangement des limites actuelles des deux communes, que du fractionnement de l'arrondissement de Savenay déjà trop faible, et de l'accroissement de l'arrondissement de Nantes déjà trop grand (7 à 800 affaires sont en retard au tribunal civil), il en résulterait une perturbation continuelle dans l'un et l'autre arrondissement et surtout dans les deux communes réunies, pour l'administration civile, judiciaire et le culte; que Couëron, perdant un quart de son territoire et de sa population perdrait aussi un quart de ses ressources dont il a le plus grand besoin; que la portion détachée serait forcément grevée d'impôts, et que de cette agglomération il n'en surviendrait pour Sautron que des charges nombreuses, que des dépenses extraordinaires, charges et dépenses que l'*ancienne commune* ne pourrait acquitter pour sa *quotité* avec la faible population qui habite un territoire peu étendu, et privé de moyens nécessaires. Elle a donc refusé, persuadée que le projet était sur tous les points nuisible aux intérêts des deux localités et de Sautron principalement.

Car la commune de Sautron perdrait *la propriété intégrale* du champ de foire, de l'église, de la chapelle de Bongarand, des deux cimetières du bourg, du cimetière de Bongarand et du presbytère, cour, jardin, pré et ménageries avec les

rentes de la fabrique. Ces divers objets deviendraient la propriété de la population réunie de Couëron et de Sautron, au
même titre qu'ils le sont actuellement de la population de
Sautron.

Examinons la valeur approximative de ces monuments
religieux, des bâtiments et des fonds de terre que nous ap-
porterions dans la communauté qu'on nous propose :

La chapelle de Bongarand, édifice en granit. .   18,000 fr.
L'église.   10,000
Le presbytère, cour, jardin, pré, ménageries. .   12,000
Champ de foire, près la route.   5,000
Trois cimetières à 1,000 fr.   3,000

      Total, sauf estimation nouvelle, . . .   48,000 fr.

Ce serait donc pour nous, habitants et propriétaires de
Sautron, une perte de 24,000 francs, ou moitié du domaine
communal, en retour de laquelle le haut Couëron n'offre,
parce qu'il ne le peut, *aucune compensation.*

A cette perte, Messieurs, vous pouvez encore ajouter la
différence d'un tiers que nous supporterions tôt ou tard sur
l'impôt foncier; et cette surtaxe de 33 pour 0/0 ne peserait-elle
pas ensuite sur l'impôt personnel et mobilier, sur l'impôt des
portes et fenêtres, et principalement sur l'impôt des patentes
qui s'élève graduellement avec le chiffre de la population?...
Soit égalité ou inégalité proportionnelle dans l'assiette de ces
divers impôts, il en résulterait une division continuelle entre
les agglomérés.

Et cette division, obstacle à la marche de l'administration
municipale, ne serait-elle pas fréquemment surexcitée par la
nécessité de voter des contributions exceptionnelles, au
centime le franc, pour solder les dépenses extraordinaires

du projet que nous spécifierons dans le tableau ci-après,
SAVOIR :

Achat de terrain et construction d'une église.. 30,000 fr.

Achat de terrain et construction d'une maison
communale 3,500

Achat de terrain et construction d'école primaire, achat de terrain et construction d'un
logement pour l'instituteur. 5,000

Matériel de l'école. 500

Achats fréquents de terrains, matériaux et
prestations pour ouvertures, élargissements, re-
dressements et empierrements de nouvelles voies
de grande et de petite communication, indispen-
sables pour mettre en rapport les deux populations réunies. 5,000

RÉCAPITULATION totale des dépenses . . . . . . 44,000 fr.

Cependant ce chiffre est fort au-dessous des dépenses pro-
jetées par Messieurs les pétitionnaires de Couëron ; toutefois
nous l'admettons comme invariable, et nous en appelons au
jugement des membres de la réunion, des propriétaires, des
habitants, et nous les adjurons d'expliquer comment Sautron
dont *le principal en foncier n'est que de 3,000 fr.*, *exercice de*
1842, Sautron qui n'a *aucune ressource* par lui-même, pourra
acquitter la moitié de 44,000 francs ?. . . . .mathématiquement
parlant, est-ce possible ?. . .(*).

(*) Au lieu d'une dépense de 44,000 francs, la commune de Sautron
sans agglomération, tout en conservant l'intégralité de son domaine communal de 48,000 francs, et ses limites actuelles, pourrait trouver des
ressources dans les subventions largement votées tous les ans par le conseil
général du département, avec un emprunt de 2,000 francs qu'elle contrac-
terait et qu'elle pourrait successivement amortir, capital et intérêt dans

Quant à nous qui ne voulons dépouiller Sautron de son domaine communal, ni l'accabler sous le poids de charges nouvelles, ni rendre plus difficile, impossible peut-être, une administration, depuis 13 ans, devenue si orageuse par suite des diverses impulsions que Sautron a subies, ouvertement ou secrètement, intérieurement et extérieurement, nous votons contre le projet d'agglomération des deux localités.

Sautron, 11 Septembre 1842.

---

un laps de 10 ans. Ces ressources suffiraient pour *le modeste devis ci-après en rapport avec les besoins et le chiffre de la population.*

Constructions en groupe.	Maison communale, dimension 6 mètres sur 4..	800 fr.
	Maison d'école pour 30 élèves, dim. 6 m. sur 4.	800
	Logement de l'instituteur, deux chambres, chaque 6 mètres sur 4	1,400

3,000 fr.

Les propriétaires et les habitants, nous en sommes certains, se prêteraient volontiers à cet emprunt égal seulement aux 2/3 du montant de la contribution foncière en principal. Le vœu de la loi serait rempli, et les intérêts de la société ne seraient éludés pour l'avenir comme ils ne l'ont jamais été pour le passé, à Sautron, en ce qui concerne l'instruction primaire, si utile pour les populations rurales.

POST-SCRIPTUM.

La demande en distraction d'un quart environ du territoire de Couëron, était instruite et en état de recevoir une solution, en 1843, pendant la session des conseils d'arrondissements et du conseil général ; pourquoi n'a-t-elle pas été présentée à cette époque ?... et pourquoi avoir ordonné alors à Couëron la formalité d'une *Commission Syndicale*, œuvre superflue, puisque l'affaire était suffisamment éclaircie par *les documents* émanés des conseils des deux communes de Couëron et de Sautron ?

On se perd en conjectures ; toutefois, s'il était permis de prêter l'oreille à quelques paroles indiscrètes, ce retard, dans la solution de l'affaire, était nécessaire pour *gagner du temps* et laisser aux ouvriers le loisir de bâtir la belle église qu'on voulait livrer à l'exercice du culte avant la session de 1844. En effet, bien que l'église ne soit qu'en partie construite (elle n'a point de clocher et la façade du champ de foire, non achevée, est fermée par une cloison en planches de sapin), l'on s'est empressé de la faire bénir par Monseigneur l'Evêque, le dimanche 7 juillet, jour de la tournée pastorale. Une descente sur les lieux prouvera que ce monument a été consacré avant d'être terminé. Que penser de cette cérémonie *prématurée*, de cette solution *retardée* jusqu'en 1844, et surtout de ces pétitions *fréquentes* adressées à de graves et puissants personnages? Est-ce que les pétitionnaires présumeraient que d'*augustes protecteurs* voudraient, contrairement

aux vœux des communes , favoriser une nouvelle agglomération aussi funeste à Couëron qu'à Sautron ?

Enfin , la *Commission Syndicale* , cette tardive formalité ,
qui devait accorder ou refuser un mandat spécial aux cinq
propriétaires riverains en Couëron, est venue trancher au vif
la question et mettre fin à tout espoir.

Les habitants de la section , consultés sur la distraction du
territoire communal , ont répondu à l'unanimité, et leurs raisonnements sans réplique rejettent toute proposition de se
séparer de Couëron. Nous espérons , Messieurs , que vous
partagerez la prudence de cette détermination , et que votre
sagesse , par une décision, attendue avec impatience , s'em-
pressera de rendre la tranquillité à ces deux communes et
de maintenir à chacune son territoire respectif , tel qu'il est
naturellement délimité par la route royale de Nantes à Brest.

Nantes,   juillet **1844.**

Nantes, Imprimerie du Commerce, Victor Mangin.